ABC der Tiere 2

lesen – verstehen – malen

Herausgegeben von **Klaus Kuhn**
Erarbeitet von **Tina Kresse und Mareike Hahn**
Unter Beratung von **Kerstin Mrowka-Nienstedt**

Bestell-Nr. 2405-11 · ISBN 978-3-619-24511-6

Auflage	5	4	3	2
Jahr	2023	2022	2021	2020

© 2020 Mildenberger Verlag GmbH, 77610 Offenburg
www.mildenberger-verlag.de
E-Mail: info@mildenberger-verlag.de

Das Werk und seine Teile sind urheberrechtlich geschützt. Jede Nutzung in anderen als den gesetzlich zugelassenen Fällen bedarf der vorherigen schriftlichen Einwilligung des Verlages. Hinweis zu § 52 a UrhG: Weder das Werk noch seine Teile dürfen ohne eine solche Einwilligung eingescannt und in ein Netzwerk eingestellt werden. Dies gilt auch für Intranets von Schulen und sonstigen Bildungseinrichtungen.

Redaktion: Axel Wolber

Grafik: Mildenberger Verlag GmbH

Illustration: Ingrid Hecht, 30163 Hannover
Mildenberger Verlag (Teile der Lösungen), 77610 Offenburg
Achim Schulte, 44263 Dortmund (Weltkugel mit Kindern auf Umschlag)

Bildquellen: Umschlag Tiere: **Fotolia.com:** Hase © Vera Kuttelvaserova; Pferd © Eric Isselée; Ziege © JackF; Dalmatiner © Eric Isselée; Katze © grafikplusfoto; Gans © Ana Gram

Druck: B&K Offsetdruck GmbH, 77833 Ottersweier
Gedruckt auf umweltfreundlichen Papieren.

Mildenberger

1. Lies genau und male.

Hanna freut sich. Sie hat endlich Ferien.
Fröhlich packt sie ihren hellblauen Koffer.
Sie nimmt ihren roten Badeanzug und
den hübschen gelben Sonnenhut mit.
Die braune Hose liegt auch schon im Koffer.
Und die grüne Jacke darf natürlich nicht fehlen.

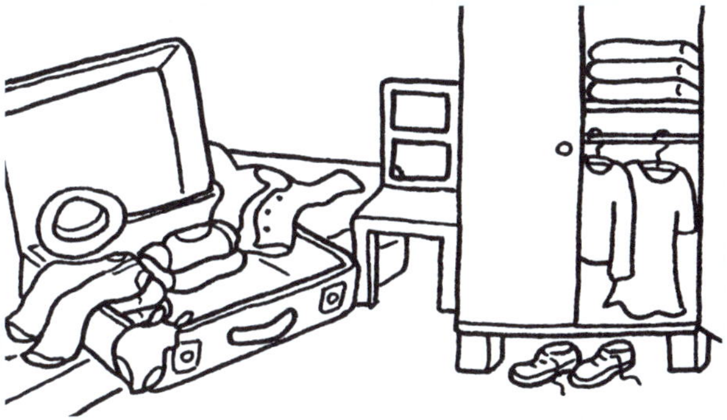

Malte bekommt eine Postkarte von Tante Ilse.
Die braunen Kühe gefallen ihm besonders gut.
Drei liegen auf der grünen Wiese und schlafen.
Die Berge im Hintergrund sehen blau aus.
Das Haus ist rot und hat grüne Fenster und Türen.
☆ Am Apfelbaum wachsen saftige rote Früchte.

1. 👓 – 🖌 Lies genau und male.

Jan war mit seinen Eltern in den Ferien in Italien.
Am Strand hat er ein schönes Andenken gefunden.
Jans Andenken ist nicht aus Holz.
Es ist aber auch kein Stein.
Es hat keine Stacheln und es ist nicht gestreift.

Weißt du, welches Andenken Jan gefunden hat?
Male Jans Andenken an.

1. Male die Felder mit den Nomen so an:

Menschen: rot Tiere: braun Pflanzen: grün Dinge: blau

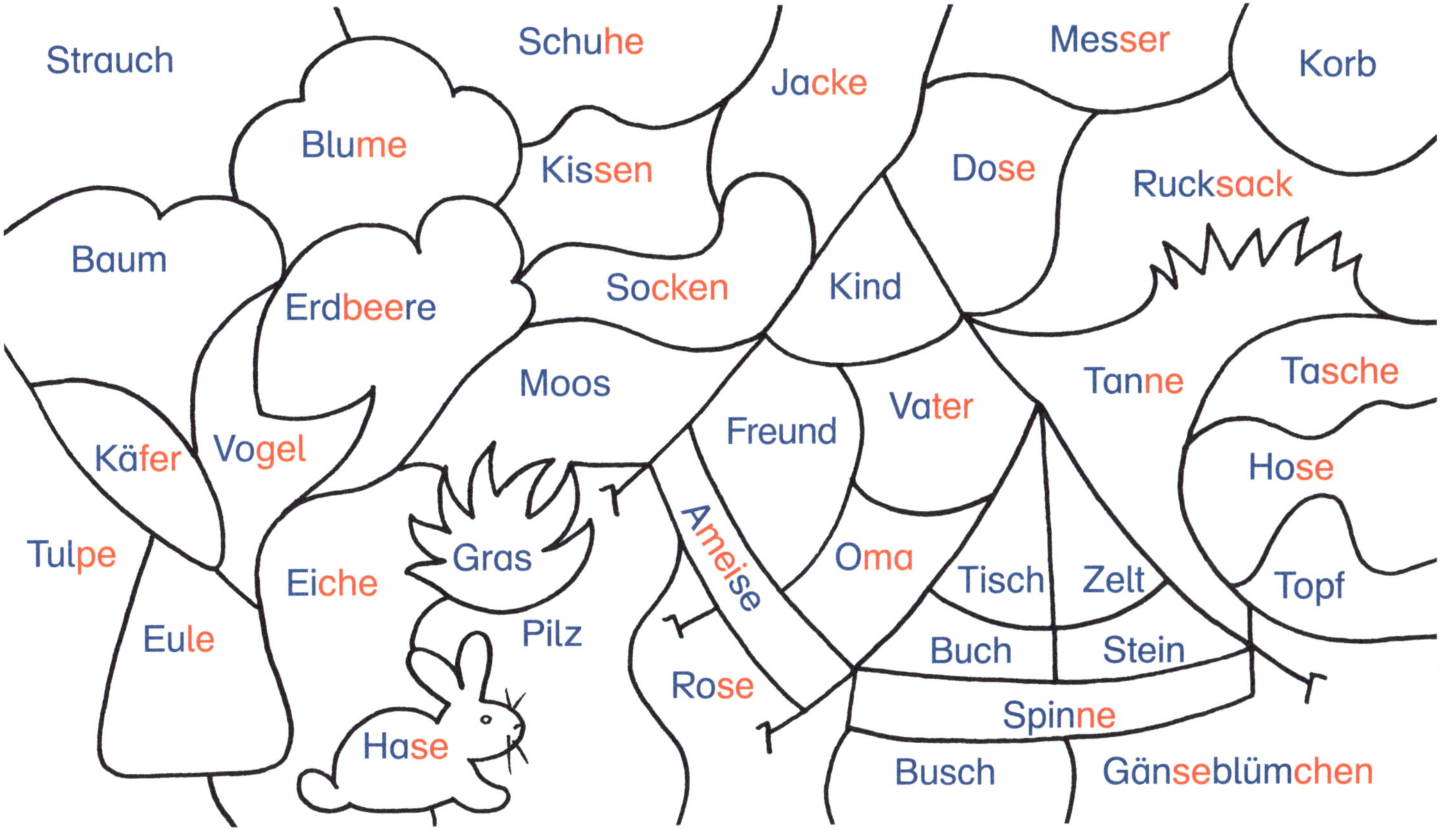

1. – Lies genau und male.

Aysun hat in ihrem Federmäppchen verschiedene Stifte.
Zwischen dem Lineal und dem Füller stecken sechs dicke Buntstifte.
Der Buntstift gleich rechts neben dem Lineal ist blau.
Die weiteren fünf Stifte sind rot, grün, gelb, braun und lila.
Aysuns Füller ist hellblau mit einem grünen Deckel.
Aysun hat auch einen Radiergummi. Er steckt neben dem Spitzer.
Die Schere ist nicht im Mäppchen. Sie liegt daneben.

1. 👓 – ✏️ ⊗ – 🖌 Was ist es? Lies genau, kreuze an und male die Lösung.

Diese Tiere leben oft auf einem Bauernhof.
Sie haben einen roten Kamm auf dem Kopf.
Ihre Federn sind einfarbig oder bunt.
Sie krähen nicht, sie gackern.
Sie legen fast jeden Tag ein Ei.
Die jungen Tiere nennt man Küken.

○ Hähne ○ Hühner ○ Hunde

☆ Diese Tiere gehören zu den Insekten.
Ihre Flügel haben unterschiedliche Muster.
Auch die Farben der Flügel sind verschieden.
Die Tiere flattern von Pflanze zu Pflanze.
Sie saugen Nektar aus den Blüten der Pflanzen.
Die Tiere entwickeln sich aus einer Raupe.

○ Fliegen ○ Libellen ○ Schmetterlinge

1. 👓 – ✏ Lies und schau genau. Schreibe die richtige Nummer vor die Sätze.

1

2

3

4

◯ Zwei Vögel sitzen zusammen auf einem Ast und pfeifen.

◯ Zwei Vögel sitzen zusammen in einem Nest und schlafen.

◯ Zwei Vögel sitzen zusammen in einem Nest und pfeifen.

◯ Zwei Vögel sitzen zusammen auf einem Ast und fressen.

1. Lies genau und male.

Die Pinguine freuen sich auf die Fütterung.
Ihre Köpfe, Flügel und Rücken sind schwarz.
Der Tierpfleger trägt grüne Kleider und Stiefel.
Im roten Eimer sind drei Fische.
Alle Zuschauer haben braune Haare.
Der Tierpfleger hat weiße Haare.

Drei gelbe Schmetterlinge flattern durch die Luft.
Neben dem grünen Chamäleon liegt
eine rote Schlange auf dem Ast.
Ein schwarzer Gorilla lehnt am Baum.
Auf dem großen Blatt sitzt ein blauer Frosch.
Der Frosch hat schwarze Punkte.

1. Wer frisst was? Lies genau und schreibe die Buchstaben zu den Bildern unten. Male dann das Lösungswort.

N Der Papagei frisst gerne Nüsse.

N Das Futter für den Hund ist in einer Dose.

A Das Lieblingsfutter der Schildkröte ist grün.

B Der Tiger frisst kein Obst und kein Gemüse.

E Das Pferd bekommt einen roten Apfel.

A Das Futter für den Hasen ist orange.

☐  ☐  ☐  ☐  N  ☐ 

1. Lies genau und male.

Lara sucht im Garten nach Insekten.
Endlich findet sie einen Marienkäfer.
Er sitzt auf einem grünen Blatt.
Sie beobachtet ihn durch die Lupe.
Er hat sechs schwarze Beine.
Sein Kopf ist auch schwarz.
Der Käfer hat auf jedem roten Flügel
drei schwarze Punkte.

☆ 2. Lies genau und kreuze an.

Wie viele Punkte hat der Marienkäfer auf jedem Flügel?

○ drei ○ vier ○ sechs

1. – ⊗ – Was ist es? Lies genau, kreuze an und male die Lösung.

Man kann diese Frucht essen.

Sie schmeckt meistens süß.

Sie wächst an einem Baum.

In der Mitte hat sie einen harten Stein.

Die Frucht ist rund, klein und rot.

Sie hat einen grünen Stiel und wächst oft als Paar.

○ Pflaume ○ Kirsche ○ Apfel

Man kann es im Garten pflanzen.

Dort wächst es unter der Erde.

Nur die grünen Blätter schauen heraus.

Es hat eine braune Schale.

Die Form ist nicht lang, sondern meist rund.

Wenn man es schneidet, muss man manchmal weinen.

○ Kartoffel ○ Bohne ○ Zwiebel

1. Lies genau und male.

Malte, Hanna und Lisa arbeiten gemeinsam im Schulgarten.

Neben der kleinen Mauer wachsen vier gelbe Sonnenblumen.

Lisa gießt die Sonnenblumen mit einer grünen Gießkanne.

Hanna steht im Gemüsebeet. Sie erntet gerade Karotten.

Auch die Himbeeren sind schon reif und rot.

Malte pflückt die Himbeeren und legt sie vorsichtig in ein Körbchen.

1. – Lies genau und male das richtige Bild aus.

Die Eiche

Die Eiche ist ein Laubbaum, der häufig in unseren Wäldern wächst. Eichen können bis zu tausend Jahre alt werden. Im Herbst trägt die Eiche Früchte. Diese Früchte heißen Eicheln. Sie sehen aus wie eine glatte, längliche Nuss. Oben auf der Eichel sitzt ein kleines Hütchen mit einem Stiel. Waldtiere wie Wildschweine, Igel und Eichhörnchen fressen Eicheln. Für Menschen sind rohe Eicheln giftig.

Wie sieht eine Eichel aus?

Welches Tier frisst gerne Eicheln?

1. Lies genau und male.

Am See ist heute eine Menge los.
Hoch über dem See fliegt ein Flugzeug.
Es ist grün und hat eine rote Nase.
Am See startet ein Heißluftballon.
Der Ballon hat rote und gelbe Streifen.
Der Korb des Heißluftballons ist braun.
Fünf gelbe Vögel sitzen im großen Baum.
Ein Mann lässt einen bunten Drachen steigen.
Am Himmel fliegt ein blauer Hubschrauber.

☆ 2. Schau genau und kreuze an.
Wie viele Personen sind am See?

○ drei ○ vier ○ eine

1. Wer bin ich? Lies genau. Male das richtige Tier an.

Ich bin ein braunes Tier mit buschigem Schwanz,
mein Name ist nicht Hans und auch nicht Franz.
Im Herbst, da sammle ich Nüsse ein,
die schmecken auch im Winter fein.
Meine Ohren sind flauschig und spitz,
flink komme ich von Ast zu Ast geflitzt.

Weißt du, wer ich bin? Dann male mich an!

1. Wer bin ich? Lies genau. Male das richtige Kind an.

Ich habe einen warmen Pullover und eine lange Hose an.
Ich habe kurzes und lockiges Haar.
Ich trage keine Brille und keinen Gürtel.

Meine Augen sind braun und meine Locken sind blond.
Mein Pullover ist grün und hat rote Punkte.
Meine Hose ist blau und meine Schuhe sind dunkelbraun.

1. Lies und schau genau. Schreibe die richtige Nummer vor die Sätze.

1

2

3

4

◯ Max ist wütend,
weil sein Bruder den Tisch
nicht abgeräumt hat.

◯ Max ist traurig, weil
der ganze Kuchen weg ist.

◯ Max ist glücklich, weil er
heute mit seinen Freunden
in die Eishalle geht.

◯ Max ist fröhlich, weil er
ein Eichhörnchen beobachtet.

1. Lies genau und male.

Arne und Lukas spielen zusammen in einer Mannschaft.

Sie haben rot-weiß gestreifte Hemden und blaue Hosen an.

Timo, Malte, Mio und Mia sind in der anderen Mannschaft.

Timo steht im Tor. Er trägt eine gelbe Hose und ein gelbes Hemd.

Hinter dem Tor steht seine grüne Trinkflasche.

Malte, Mio und Mia tragen gelbe Hemden und schwarze Hosen.

Arne schießt. Der Fußball rollt über das Feld in Richtung Tor.

1. Lies genau und male alle Dinge von der Einkaufsliste in den Einkaufskorb.

Tim ist heute allein einkaufen.
Sein Vater hat ihm eine Einkaufsliste gegeben.
Tim sucht im Laden alle Dinge von der Liste
und legt sie in seinen Korb.

Einkaufsliste:

- 3 Orangen
- 1 Blumenkohl
- 1 Brot
- 2 Gläser Joghurt
- 1 Flasche Milch
- 1 Stange Lauch
- 1 Packung Nudeln

☆ 2. Lies genau und kreuze an.

Wie viele verschiedene Gemüse stehen auf der Einkaufsliste?

◯ eines ◯ zwei ◯ drei

1. Lies genau und male.

Bei Familie Abel gibt es immer viel zu tun.
Darum teilen sich alle die Arbeit:

Lara und ihr Vater kochen das Abendessen.
Lara darf das Gemüse schneiden.
Zwei Karotten und eine Gurke liegen
in der Schüssel auf dem Tisch.
Lara hat ein gezacktes Messer in der Hand.
Damit schneidet sie eine rote Tomate.

Laras Bruder Leo hilft auch fleißig im Haushalt.
Er saugt mit einem blauen Staubsauger
den großen Teppich im Wohnzimmer.
Der Teppich ist weiß und hat grüne Streifen.
Der braune Hund von Familie Abel
liegt in seinem Hundekörbchen und schaut zu.

1. Lies genau und male.

Malte und Lena wollen heute zusammen eine leckere Pizza backen.

Beide tragen eine Schürze, damit ihre Kleider nicht schmutzig werden.

Lena hat eine gelbe Schürze an. Maltes Schürze ist grün.

Malte rollt den Pizzateig mit einer großen Teigrolle aus.

Lena legt das Backblech mit braunem Backpapier aus.

Die Zutaten für den Belag stehen schon bereit.

Gleich kommt der Belag auf die Pizza.

Zutaten für den Belag:

- 5 Tomaten
- 3 Scheiben Schinken
- 1 Stück Käse
- Salz
- Pfeffer

2. Lies genau und male alle Zutaten neben die Rührschüssel.

Mehl

1. In der Regenbogenschule üben die Kinder für ein Theaterstück.
Lies und schau genau. Richtig oder falsch? Kreuze an.

	richtig	falsch
Die Kinder proben für das Märchen „Die Sterntaler“.	○	○
Die Aufführung ist am Mittwoch um 16 Uhr.	○	○
Die Kinder proben in der Schwimmhalle für die Aufführung.	○	○
Zwei Kinder sind als grüne Bäume verkleidet.	○	○
Der Lehrer spielt auf der Geige die Musik zu Schneewittchen.	○	○
Schneewittchen hat einen Blumenkranz im Haar.	○	○
Die sieben Zwerge tragen alle Zipfelmützen.	○	○
Auf den Stühlen sitzen schon einige Zuschauer.	○	○
Die Zwerge sitzen auf dem Boden.	○	○

Aufführung:
Mittwoch 10 Uhr
in der Schulaula
Schneewittchen
und die
7 Zwerge
Schulaula

1. Lies genau. Male die Flaggen richtig an.

1 Meine Flagge hat nur zwei Farben. Sie ist oben und unten rot. In der Mitte bleibt sie weiß.

2 Meine Flagge ist in der Mitte auch weiß. Links außen ist sie blau. Rechts außen ist sie rot.

3 Meine Flagge hat drei Farben. Oben ist sie schwarz. In der Mitte ist sie rot und ganz unten ist sie gelb.

1

2

3

☆ 2. Welche Flagge gehört zu Frankreich? Kreuze an.

1 ○ 2 ○ 3 ○

1. Was ist was? Lies genau und schreibe die Buchstaben zu den Bildern unten. Male dann das Lösungswort.

E Er klingelt am Morgen und weckt dich auf.

N Du trägst sie oft an den Füßen.

R Damit kannst du Fische fangen.

F Wenn du sie anmachst, wird es warm.

I Du kannst deine Kleidung in ihm aufhängen.

G Es ist ein Werkzeug.

1. – Lies genau und verbinde.

Ich habe zwischen
Juni und August
Geburtstag.

Mein Geburtstag
ist nicht im Winter,
sondern im Frühling.

Mein Geburtstag
ist fünf Tage
vor Weihnachten.

April

Juli

Dezember

1. Lies genau und male.

Am Himmel hängen graue Regenwolken.
Emil stampft fröhlich durch eine Pfütze.
Mit seinen grünen Gummistiefeln
bekommt er keine nassen Füße.
Malte trägt einen gelben Regenmantel.
Anna spannt ihren roten Regenschirm auf.

Mama liegt auf einer grünen Liege
unter einem gelben Sonnenschirm.
Luise steht bis zu den Knien im Meer.
Sie hat einen lila Badeanzug an.
An den Armen trägt sie rote Schwimmflügel.
Papa hat sich im kühlen Sand eingebuddelt.

1. Lies genau. Male das Wetter auf die Kalenderblätter unten.

- Heute ist Mittwoch. Das Wetter ist sehr schön.
  Es scheint den ganzen Tag die Sonne.
- Gestern war es bewölkt und es hat leicht geregnet.
- Morgen wird es wieder sonnig.
  Aber es wird auch ein paar kleine Wolken geben.
- Am Freitag wird sich die Sonne nicht zeigen.
  Es wird den ganzen Tag bewölkt sein.

1. Lies genau und male das richtige Bild aus.

Der Igel

Der Igel ist vor allem nachts unterwegs. Am Tag schläft er in seinem Versteck. Er frisst Insekten, Schnecken, Regenwürmer und selten Früchte. Der Igel kann gut klettern, schwimmen und laufen. Trotzdem läuft er bei Gefahr meistens nicht weg. Er rollt sich zu einer Kugel zusammen und stellt seine Stacheln auf. So kann er sich gut schützen. Feinde des Igels sind der Uhu, der Dachs und der Fuchs.

Was frisst der Igel nicht?

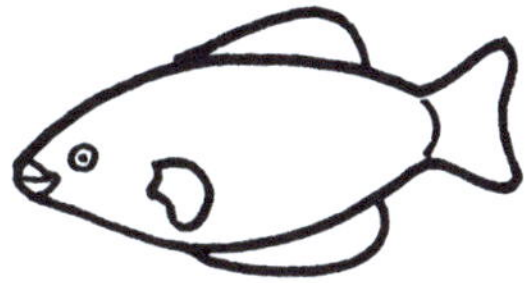

Wer ist ein Feind des Igels?

1. Lies genau. Male zu jedem Teil der Geschichte ein passendes Bild.

Frau Stein macht heute einen Ausflug mit ihrem neuen Fahrrad.

1

Als sie durch einen dichten Wald fährt, hört sie ein Geräusch und hält an.

2

Frau Stein steigt ab und schaut sich um. Sie fürchtet sich ein bisschen.

3

Doch dann springt nur ein Hase aus dem Busch. Frau Stein muss lachen.

4

2 ABC der Tiere

lesen – verstehen – malen

Das Lösungsheft kann vor Einsatz des Lesemalhefts herausgenommen und dann zur Selbstkontrolle genutzt werden.

Für die Lösungen wurden die Bilder, bei denen etwas (aus)gemalt werden muss, entsprechend der Vorgaben im Aufgabentext ergänzt. Die Lösungsbilder wurden nur dann eingefärbt, wenn eine bestimmte Farbe im Aufgabentext vorgegeben ist.

Bei den Lösungen handelt es sich um Lösungsvorschläge. Andere Lösungen (wie z.B. eine andere Anordnung im Bild) sind selbstverständlich auch möglich.

1. Lies genau und male.

Hanna freut sich. Sie hat endlich Ferien.
Fröhlich packt sie ihren hellblauen Koffer.
Sie nimmt ihren roten Badeanzug und
den hübschen gelben Sonnenhut mit.
Die braune Hose liegt auch schon im Koffer.
Und die grüne Jacke darf natürlich nicht fehlen.

Malte bekommt eine Postkarte von Tante Ilse.
Die braunen Kühe gefallen ihm besonders gut.
Drei liegen auf der grünen Wiese und schlafen.
Die Berge im Hintergrund sehen blau aus.
Das Haus ist rot und hat grüne Fenster und Türen.
☆ Am Apfelbaum wachsen saftige rote Früchte.

1. Lies genau und male.

Jan war mit seinen Eltern in den Ferien in Italien.
Am Strand hat er ein schönes Andenken gefunden.
Jans Andenken ist nicht aus Holz.
Es ist aber auch kein Stein.
Es hat keine Stacheln und es ist nicht gestreift.

Weißt du, welches Andenken Jan gefunden hat?
Male Jans Andenken an.

1. Male die Felder mit den Nomen so an:

Menschen: rot Tiere: braun Pflanzen: grün Dinge: blau

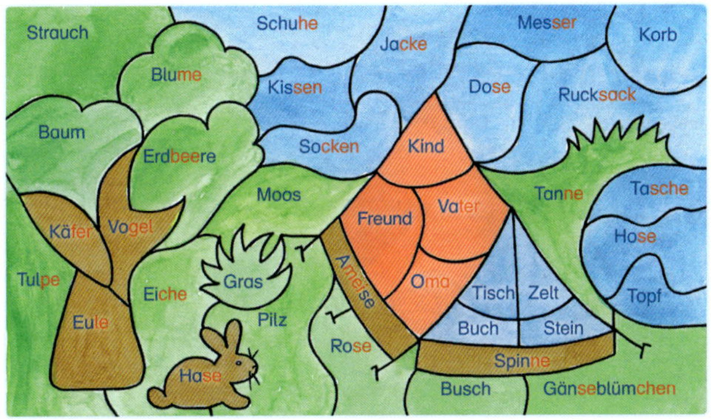

1. Lies genau und male.

Aysun hat in ihrem Federmäppchen verschiedene Stifte.
Zwischen dem Lineal und dem Füller stecken sechs dicke Buntstifte.
Der Buntstift gleich rechts neben dem Lineal ist blau.
Die weiteren fünf Stifte sind rot, grün, gelb, braun und lila.
Aysuns Füller ist hellblau mit einem grünen Deckel.
Aysun hat auch einen Radiergummi. Er steckt neben dem Spitzer.
Die Schere ist nicht im Mäppchen. Sie liegt daneben.

1. Was ist es? Lies genau, kreuze an und male die Lösung.

Diese Tiere leben oft auf einem Bauernhof.
Sie haben einen roten Kamm auf dem Kopf.
Ihre Federn sind einfarbig oder bunt.
Sie krähen nicht, sie gackern.
Sie legen fast jeden Tag ein Ei.
Die jungen Tiere nennt man Küken.

◯ Hähne ⊗ Hühner ◯ Hunde

☆ Diese Tiere gehören zu den Insekten.
Ihre Flügel haben unterschiedliche Muster.
Auch die Farben der Flügel sind verschieden.
Die Tiere flattern von Pflanze zu Pflanze.
Sie saugen Nektar aus den Blüten der Pflanzen.
Die Tiere entwickeln sich aus einer Raupe.

◯ Fliegen ◯ Libellen ⊗ Schmetterlinge

1. Lies und schau genau. Schreibe die richtige Nummer vor die Sätze.

3 Zwei Vögel sitzen zusammen auf einem Ast und pfeifen.

4 Zwei Vögel sitzen zusammen in einem Nest und schlafen.

1 Zwei Vögel sitzen zusammen in einem Nest und pfeifen.

2 Zwei Vögel sitzen zusammen auf einem Ast und fressen.

1. Lies genau und male.

Die Pinguine freuen sich auf die Fütterung.
Ihre Köpfe, Flügel und Rücken sind schwarz.
Der Tierpfleger trägt grüne Kleider und Stiefel.
Im roten Eimer sind drei Fische.
Alle Zuschauer haben braune Haare.
Der Tierpfleger hat weiße Haare.

Drei gelbe Schmetterlinge flattern durch die Luft.
Neben dem grünen Chamäleon liegt
eine rote Schlange auf dem Ast.
Ein schwarzer Gorilla lehnt am Baum.
Auf dem großen Blatt sitzt ein blauer Frosch.
Der Frosch hat schwarze Punkte.

1. Wer frisst was? Lies genau und schreibe die Buchstaben zu den Bildern unten. Male dann das Lösungswort.

N Der Papagei frisst gerne Nüsse.

N Das Futter für den Hund ist in einer Dose.

A Das Lieblingsfutter der Schildkröte ist grün.

B Der Tiger frisst kein Obst und kein Gemüse.

E Das Pferd bekommt einen roten Apfel.

A Das Futter für den Hasen ist orange.

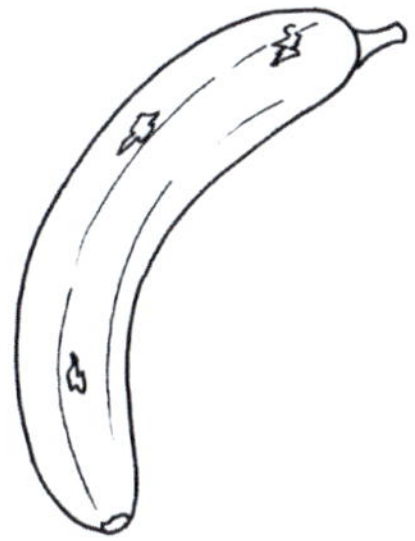

B  A  N  A  N  E 

1. Lies genau und male.

Lara sucht im Garten nach Insekten.
Endlich findet sie einen Marienkäfer.
Er sitzt auf einem grünen Blatt.
Sie beobachtet ihn durch die Lupe.
Er hat sechs schwarze Beine.
Sein Kopf ist auch schwarz.
Der Käfer hat auf jedem roten Flügel
drei schwarze Punkte.

☆ 2. Lies genau und kreuze an.
Wie viele Punkte hat der Marienkäfer auf jedem Flügel?

⊗ drei ○ vier ○ sechs

1. Was ist es? Lies genau, kreuze an und male die Lösung.

Man kann diese Frucht essen.
Sie schmeckt meistens süß.
Sie wächst an einem Baum.
In der Mitte hat sie einen harten Stein.
Die Frucht ist rund, klein und rot.
Sie hat einen grünen Stiel und wächst oft als Paar.

○ Pflaume ⊗ Kirsche ○ Apfel

Man kann es im Garten pflanzen.
Dort wächst es unter der Erde.
Nur die grünen Blätter schauen heraus.
Es hat eine braune Schale.
Die Form ist nicht lang, sondern meist rund.
Wenn man es schneidet, muss man manchmal weinen.

○ Kartoffel ○ Bohne ⊗ Zwiebel

1. Lies genau und male.

Malte, Hanna und Lisa arbeiten gemeinsam im Schulgarten.
Neben der kleinen Mauer wachsen vier gelbe Sonnenblumen.
Lisa gießt die Sonnenblumen mit einer grünen Gießkanne.
Hanna steht im Gemüsebeet. Sie erntet gerade Karotten.
Auch die Himbeeren sind schon reif und rot.
Malte pflückt die Himbeeren und legt sie vorsichtig in ein Körbchen.

1. Lies genau und male das richtige Bild aus.

Die Eiche

Die Eiche ist ein Laubbaum, der häufig in unseren Wäldern wächst. Eichen können bis zu tausend Jahre alt werden. Im Herbst trägt die Eiche Früchte. Diese Früchte heißen Eicheln. Sie sehen aus wie eine glatte, längliche Nuss. Oben auf der Eichel sitzt ein kleines Hütchen mit einem Stiel. Waldtiere wie Wildschweine, Igel und Eichhörnchen fressen Eicheln. Für Menschen sind rohe Eicheln giftig.

Wie sieht eine Eichel aus?

Welches Tier frisst gerne Eicheln?

1. Lies genau und male.

Am See ist heute eine Menge los.
Hoch über dem See fliegt ein Flugzeug.
Es ist grün und hat eine rote Nase.
Am See startet ein Heißluftballon.
Der Ballon hat rote und gelbe Streifen.
Der Korb des Heißluftballons ist braun.
Fünf gelbe Vögel sitzen im großen Baum.
Ein Mann lässt einen bunten Drachen steigen.
Am Himmel fliegt ein blauer Hubschrauber.

☆ 2. Schau genau und kreuze an.
Wie viele Personen sind am See?

○ drei ⊗ vier ○ eine

1. Wer bin ich? Lies genau. Male das richtige Tier an.

Ich bin ein braunes Tier mit buschigem Schwanz,
mein Name ist nicht Hans und auch nicht Franz.
Im Herbst, da sammle ich Nüsse ein,
die schmecken auch im Winter fein.
Meine Ohren sind flauschig und spitz,
flink komme ich von Ast zu Ast geflitzt.

Weißt du, wer ich bin? Dann male mich an!

1. Wer bin ich? Lies genau. Male das richtige Kind an.

Ich habe einen warmen Pullover und eine lange Hose an.
Ich habe kurzes und lockiges Haar.
Ich trage keine Brille und keinen Gürtel.

Meine Augen sind braun und meine Locken sind blond.
Mein Pullover ist grün und hat rote Punkte.
Meine Hose ist blau und meine Schuhe sind dunkelbraun.

1. Lies und schau genau. Schreibe die richtige Nummer vor die Sätze.

1

2

3

4

4 Max ist wütend, weil sein Bruder den Tisch nicht abgeräumt hat.

2 Max ist traurig, weil der ganze Kuchen weg ist.

3 Max ist glücklich, weil er heute mit seinen Freunden in die Eishalle geht.

1 Max ist fröhlich, weil er ein Eichhörnchen beobachtet.

1. Lies genau und male.

Arne und Lukas spielen zusammen in einer Mannschaft.
Sie haben rot-weiß gestreifte Hemden und blaue Hosen an.
Timo, Malte, Mio und Mia sind in der anderen Mannschaft.
Timo steht im Tor. Er trägt eine gelbe Hose und ein gelbes Hemd.
Hinter dem Tor steht seine grüne Trinkflasche.
Malte, Mio und Mia tragen gelbe Hemden und schwarze Hosen.
Arne schießt. Der Fußball rollt über das Feld in Richtung Tor.

1. Lies genau und male alle Dinge von der Einkaufsliste in den Einkaufskorb.

Tim ist heute allein einkaufen.
Sein Vater hat ihm eine Einkaufsliste gegeben.
Tim sucht im Laden alle Dinge von der Liste und legt sie in seinen Korb.

Einkaufsliste:

- 3 Orangen
- 1 Blumenkohl
- 1 Brot
- 2 Gläser Joghurt
- 1 Flasche Milch
- 1 Stange Lauch
- 1 Packung Nudeln

☆ 2. Lies genau und kreuze an.
Wie viele verschiedene Gemüse stehen auf der Einkaufsliste?

○ eines ⊗ zwei ○ drei

1. Lies genau und male.

Bei Familie Abel gibt es immer viel zu tun.
Darum teilen sich alle die Arbeit:

Lara und ihr Vater kochen das Abendessen.
Lara darf das Gemüse schneiden.
Zwei Karotten und eine Gurke liegen in der Schüssel auf dem Tisch.
Lara hat ein gezacktes Messer in der Hand.
Damit schneidet sie eine rote Tomate.

Laras Bruder Leo hilft auch fleißig im Haushalt.
Er saugt mit einem blauen Staubsauger den großen Teppich im Wohnzimmer.
Der Teppich ist weiß und hat grüne Streifen.
Der braune Hund von Familie Abel liegt in seinem Hundekörbchen und schaut zu.

1. Lies genau und male.

Malte und Lena wollen heute zusammen eine leckere Pizza backen.
Beide tragen eine Schürze, damit ihre Kleider nicht schmutzig werden.
Lena hat eine gelbe Schürze an. Maltes Schürze ist grün.
Malte rollt den Pizzateig mit einer großen Teigrolle aus.
Lena legt das Backblech mit braunem Backpapier aus.

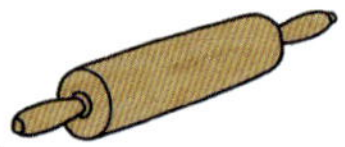

Die Zutaten für den Belag stehen schon bereit.
Gleich kommt der Belag auf die Pizza.

Zutaten für den Belag:

- 5 Tomaten
- 3 Scheiben Schinken
- 1 Stück Käse
- Salz
- Pfeffer

2. Lies genau und male alle Zutaten neben die Rührschüssel.

1. In der Regenbogenschule üben die Kinder für ein Theaterstück.
Lies und schau genau. Richtig oder falsch? Kreuze an.

	richtig	falsch
Die Kinder proben für das Märchen „Die Sterntaler“.	○	⊗
Die Aufführung ist am Mittwoch um 16 Uhr.	○	⊗
Die Kinder proben in der Schwimmhalle für die Aufführung.	○	⊗
Zwei Kinder sind als grüne Bäume verkleidet.	⊗	○
Der Lehrer spielt auf der Geige die Musik zu Schneewittchen.	○	⊗
Schneewittchen hat einen Blumenkranz im Haar.	⊗	○
Die sieben Zwerge tragen alle Zipfelmützen.	⊗	○
Auf den Stühlen sitzen schon einige Zuschauer.	○	⊗
Die Zwerge sitzen auf dem Boden.	⊗	○

1. Lies genau. Male die Flaggen richtig an.

(1) Meine Flagge hat nur zwei Farben. Sie ist oben und unten rot. In der Mitte bleibt sie weiß.

(2) Meine Flagge ist in der Mitte auch weiß. Links außen ist sie blau. Rechts außen ist sie rot.

(3) Meine Flagge hat drei Farben. Oben ist sie schwarz. In der Mitte ist sie rot und ganz unten ist sie gelb.

☆ 2. Welche Flagge gehört zu Frankreich? Kreuze an.

(1) ○ (2) ⊗ (3) ○

1. Was ist was? Lies genau und schreibe die Buchstaben zu den Bildern unten. Male dann das Lösungswort.

E Er klingelt am Morgen und weckt dich auf.

N Du trägst sie oft an den Füßen.

R Damit kannst du Fische fangen.

F Wenn du sie anmachst, wird es warm.

I Du kannst deine Kleidung in ihm aufhängen.

G Es ist ein Werkzeug.

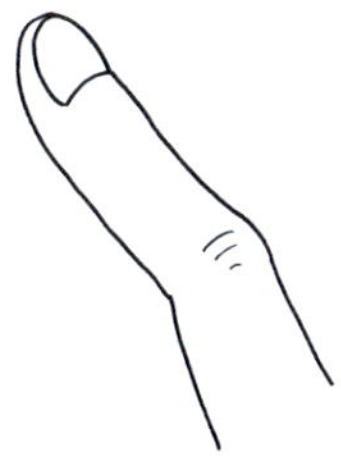

1. Lies genau und verbinde.

Ich habe zwischen Juni und August Geburtstag.

Mein Geburtstag ist nicht im Winter, sondern im Frühling.

Mein Geburtstag ist fünf Tage vor Weihnachten.

1. Lies genau und male.

Am Himmel hängen graue Regenwolken.
Emil stampft fröhlich durch eine Pfütze.
Mit seinen grünen Gummistiefeln
bekommt er keine nassen Füße.
Malte trägt einen gelben Regenmantel.
Anna spannt ihren roten Regenschirm auf.

Mama liegt auf einer grünen Liege
unter einem gelben Sonnenschirm.
Luise steht bis zu den Knien im Meer.
Sie hat einen lila Badeanzug an.
An den Armen trägt sie rote Schwimmflügel.
Papa hat sich im kühlen Sand eingebuddelt.

Lösungen (Seite 30 – 33)

1. Lies genau. Male das Wetter auf die Kalenderblätter unten.

- Heute ist Mittwoch. Das Wetter ist sehr schön.
  Es scheint den ganzen Tag die Sonne.
- Gestern war es bewölkt und es hat leicht geregnet.
- Morgen wird es wieder sonnig.
  Aber es wird auch ein paar kleine Wolken geben.
- Am Freitag wird sich die Sonne nicht zeigen.
  Es wird den ganzen Tag bewölkt sein.

1. Lies genau und male das richtige Bild aus.

Der Igel

Der Igel ist vor allem nachts unterwegs. Am Tag schläft er in seinem Versteck. Er frisst Insekten, Schnecken, Regenwürmer und selten Früchte. Der Igel kann gut klettern, schwimmen und laufen. Trotzdem läuft er bei Gefahr meistens nicht weg. Er rollt sich zu einer Kugel zusammen und stellt seine Stacheln auf. So kann er sich gut schützen. Feinde des Igels sind der Uhu, der Dachs und der Fuchs.

Was frisst der Igel nicht?

Wer ist ein Feind des Igels?

1. Lies genau. Male zu jedem Teil der Geschichte ein passendes Bild.

Frau Stein macht heute einen Ausflug mit ihrem neuen Fahrrad.

Als sie durch einen dichten Wald fährt, hört sie ein Geräusch und hält an.

Frau Stein steigt ab und schaut sich um. Sie fürchtet sich ein bisschen.

Doch dann springt nur ein Hase aus dem Busch. Frau Stein muss lachen.

1. Wer ist es? Lies genau, kreuze an und male die Lösung.

Diese Märchenfigur ist wunderschön.
Sie ist eine reiche Königstochter, die in einem Schloss lebt.
Sie hat keine gemeine Stiefmutter.
Als sie sich mit einer Spindel in den Finger sticht,
fällt sie in einen hundert Jahre langen Schlaf.
Von einem Prinzen wird sie wieder wachgeküsst.

○ Goldmarie ○ Schneewittchen ⊗ Dornröschen

Diese Märchenfigur ist kein Mensch, sondern ein Tier.
Aber das Tier kann sprechen und
auf zwei Beinen gehen wie ein Mensch.
Es hat ein weiches Fell und ist sehr schlau.
Das Tier gehört einem armen Müllersohn.
Der Müllersohn kauft dem Tier ein Paar Stiefel.

○ Der Froschkönig ⊗ Der gestiefelte Kater ○ Der böse Wolf

1. Die Märchenwelt ist heute durcheinander.
Lies und schau genau. Richtig oder falsch? Kreuze an.

	richtig	falsch
Der böse Wolf fällt in den tiefen Brunnen.	⊗	○
Frau Holle schüttelt im Schlafzimmer ihre Betten aus.	○	⊗
Der goldene Schuh von Aschenputtel liegt unter dem Haselbaum.	○	⊗
Rapunzel mit den kurzen Haaren schaut im Turm aus dem Fenster.	⊗	○
Hänsel und Gretel bekommen von der Hexe ein Stück Brot.	○	⊗
Die Bremer Stadtmusikanten sind Esel, Hund, Katze und Hahn.	⊗	○
Rotkäppchen trägt ein blaues Kopftuch.	○	⊗
Das tapfere Schneiderlein sitzt unter dem Tisch.	○	⊗
Der Froschkönig hält eine goldene Kugel.	⊗	○
☆ Dornröschen hat sich an einer Spindel gestochen und schläft.	⊗	○

1. Lies genau und male.

Schneewittchen lebt mit den sieben Zwergen hinter den sieben Bergen.
Im Häuschen der Zwerge ist alles sehr klein.
Schneewittchen hat ein rotes Band aus Samt im schwarzen Haar.
Außerdem trägt sie einen gelben Rock und eine blaue Bluse.

Alle decken gemeinsam das Tischchen für das Abendessen.
Schneewittchen nimmt acht Tellerchen und läuft damit zum Tischchen.
Ein Zwerg in einem blauen Hemdchen belegt Brötchen mit Käse.
Vier Brötchen liegen schon auf dem Brettchen.
Ein Zwerg mit schwarzen Stiefelchen hat ein Kännchen in der Hand.
Ein Zwerg mit einem lila Mützchen bringt zwei rote Äpfelchen herein.

1. Lies genau und zeichne mit einem Lineal.

1) Verbinde zuerst die vier blauen Punkte zu einem Rechteck.

2) Zeichne danach eine Linie von dem roten Punkt zu dem linken oberen blauen Punkt.

3) Zeichne dann eine Linie von dem roten Punkt zu dem rechten oberen blauen Punkt. So entsteht ein Dreieck.

4) Verbinde nun die beiden grünen Punkte miteinander.

5) Zeichne danach eine Linie von dem linken grünen Punkt gerade nach unten bis zu der schrägen Linie des Dreiecks. Mache das Gleiche bei dem rechten grünen Punkt.

6) Nun ist das Haus fast fertig. Zeichne zuletzt noch eine Tür und ein Fenster ein.

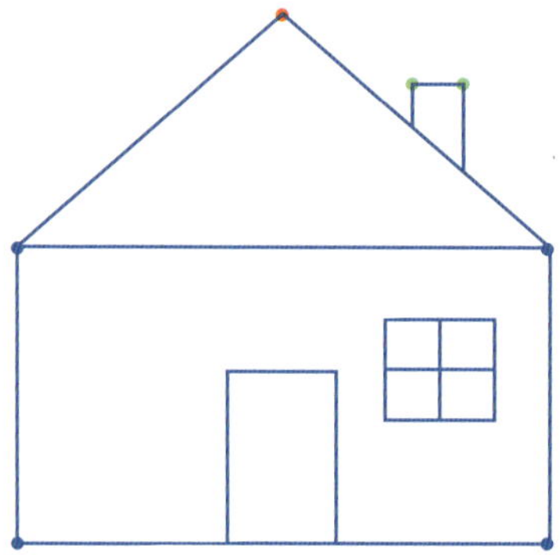

1. Auf der Wiese leben viele Tiere. Kannst du alle entdecken? Male die Tiere im Bild an und zähle sie.

4 Schnecken 8 Spinnen 3 Grashüpfer

☆ 2. Wie viele Tiere sind es insgesamt? Rechne.

4 + 8 + 3 = 15 Es sind insgesamt 15 Tiere.

1. Lies genau und male das richtige Bild aus.

Honigbienen

Honigbienen leben in einem großen Volk zusammen. Ein Bienenvolk besteht aus vielen Tausend Bienen. Jede Biene hat eine wichtige Aufgabe. Es gibt zum Beispiel Sammelbienen. Sie fliegen von Blüte zu Blüte und sammeln Nektar. Mit dem Rüssel saugen sie den Nektar aus den Blüten. Aus dem Nektar machen die Bienen im Bienenstock Honig. Den Honig brauchen die Bienen als Nahrung für ihren Nachwuchs und als Vorrat für den Winter.

Was macht eine Sammelbiene?

Was machen die Bienen aus dem Nektar?

1. Zu welcher Pflanze gehört welche Frucht? Verbinde.

Die Erdbeerpflanze hat grüne, runde Blätter.
Die Blätter haben am Rand kleine Zacken.
Erdbeeren entwickeln sich aus weißen Blüten.

Die Gurkenpflanze hat große, spitze Blätter.
Die Blätter haben am Rand kleine Zacken.
Gurken entwickeln sich aus gelben Blüten.

Die Himbeerpflanze hat spitze Blätter.
Die Blätter sind am Rand gezackt.
Himbeeren entwickeln sich aus weißen Blüten.

42 Obst / Gemüse

1. Lies genau. Trage die Nummern richtig ein und male.

Timo informiert sich im Internet über verschiedene Bären.
In einer Suchmaschine für Kinder findet er viele Informationen.

1 Der Eisbär lebt am Nordpol. Er ist weiß und hat eine schwarze Nase.

2 Der Pandabär lebt in China und hat ein schwarz-weißes Fell. Sein Kopf ist weiß. Die Ohren und das Fell um die Augen sind schwarz.

3 Der Braunbär gehört zu den größten Bären. Sein Fell ist meist dunkelbraun.

4 Der etwas kleinere Schwarzbär ist besonders neugierig und klug. Er ist schwarz.

Computer 43

1. Wer hat welches Buch ausgeliehen? Welche Farbe hat das Buch? Verbinde und male die Bücher in der richtigen Farbe an.

Timo, Hanna, Lukas und Lara lesen sehr gerne Bücher.
In der Bibliothek haben sich alle vier Kinder ein Buch ausgeliehen.
Timo liest besonders gerne Sachbücher über Tiere.
Hanna mag lieber Abenteuergeschichten.
Sie hat sich für ein Buch über Ritter und Drachen entschieden.
Lukas mag Bücher mit Detektiven und hat einen Kinderkrimi ausgesucht.
Lara hat sich in der Bibliothek ein Buch über einen Zauberer geholt.
Die vier Bücher haben verschiedene Farben:
Das Sachbuch über Vögel ist blau.
Ein Buch ist orange. Es ist weder das Ritterbuch noch der Kinderkrimi.
Der Kinderkrimi hat einen dunkelgrauen Hintergrund.
Hannas Buch ist grün.

44 Bücher

45

1. 👓 – ✏ ⊗ Die Klasse 2 c besucht die Stadtbibliothek.
Lies und schau genau. Richtig oder falsch? Kreuze an.

	richtig	falsch
Auf dem Sofa in der Leseecke sitzen drei Kinder und lesen.	○	⊗
In den Bücherregalen stehen viele Bücher.	⊗	○
Die Bibliothekarin sitzt am Computer und tippt etwas ein.	○	⊗
Im Juni findet eine Lesenacht in der Bibliothek statt.	○	⊗
Im Regal mit den Sachbüchern steht ein Buch über Katzen.	⊗	○
Das Kind mit dem gestreiften Pulli hat kein Buch in der Hand.	○	⊗
Der Bibliothekar schiebt einen leeren Bücherwagen.	○	⊗
In der Stadtbibliothek gibt es keine DVDs.	○	⊗
An einem Bücherregal hängt das Schild „Comics“.	⊗	○
☆ In der Stadtbibliothek gibt es Bücher in verschiedenen Sprachen.	⊗	○

1. 👓 – ✏ – 🟨 Wer ist wer? Wem gehört welches Haustier?
Male und verbinde.

Die vier Kinder heißen Niko, Anna, Ben und Kati.
Niko trägt keine Brille. Er hat schwarze Haare.
Annas Haustier ist klein und kann fliegen.
Nikos Haustier hat vier Beine und kann bellen.
Das Fell des Kaninchens ist weiß.
Nur seine langen Ohren sind braun.
Der Wellensittich hat grüne und gelbe Federn.
Die graue Katze trägt ein blaues Halsband.
Kati hat ihre braunen Haare zu einem Zopf gebunden.
Anna hat kurze blonde Locken.
Der Hund ist schwarz und hat ein rotes Halsband.
Katis Haustier ist keine Katze und kein Vogel.
Bens Haustier hat vier Pfoten und ist grau.

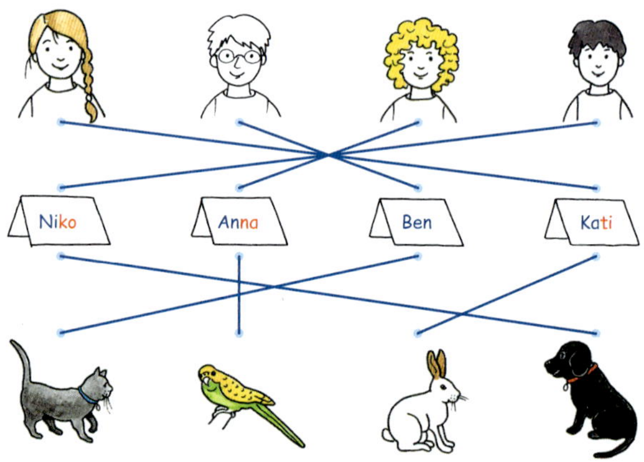

1. – Lies genau und male.

Aus der Pferdebox schauen vier große Pferde heraus.
Die ersten beiden Pferde sind grau, die anderen zwei sind schwarz.
Sofia bringt den Pferden mit der Schubkarre grünes Heu.
Sie trägt eine lila Latzhose und ein rotes Kopftuch.
Timo streichelt sein schwarz-weißes Pferd.

Auf der Pferdekoppel steht ein Fohlen an der grauen Wasserwanne.
Insgesamt stehen vier Pferde und zwei Fohlen auf der Koppel.
Die Pferde sind braun und ihre Mähnen sind schwarz.
Die Fohlen sind auch braun, aber ihre Beine sind grau.
Hanna läuft zur Koppel und bringt drei frische Karotten mit.

Auf dem Hof steht ein rotes Auto mit einem Anhänger.

1. – – Anna, Keno und Lisa wollen ihren Geburtstag feiern.
Wann und wo feiern die Kinder ihr Fest? Was haben sie auf die Einladungskarten gemalt? Lies genau, verbinde und male.

Auf einer der Einladungskarten ist eine Rakete.
Anna und Keno haben keine Rakete auf ihre Karte gemalt.
Die Rakete ist rot und hat eine dunkelgraue Spitze.
Lisa und Anna feiern ihre Geburtstagsparty nicht im Juni.
Annas Geburtstagsparty findet sechs Tage nach Lisas Party statt.
Ein Mädchen möchte mit seinen Gästen in ein Museum gehen.
Im Museum gibt es eine Ausstellung über Raumfahrt und den Weltraum.
Keno hat sich für sein Fest das Motto „Räuberbande" überlegt.
Auf seine Karte hat er einen Räuber mit Bart und schwarzem Hut gemalt.
Das Motto von Annas Geburtstagsparty heißt „Einhorn und Regenbogen".
Auf ihre Einladungskarte hat sie einen kunterbunten Regenbogen gemalt.
Keno möchte mit seinen Gästen eine Schnitzeljagd im Wald machen.
Annas Feier findet zu Hause im Garten statt.

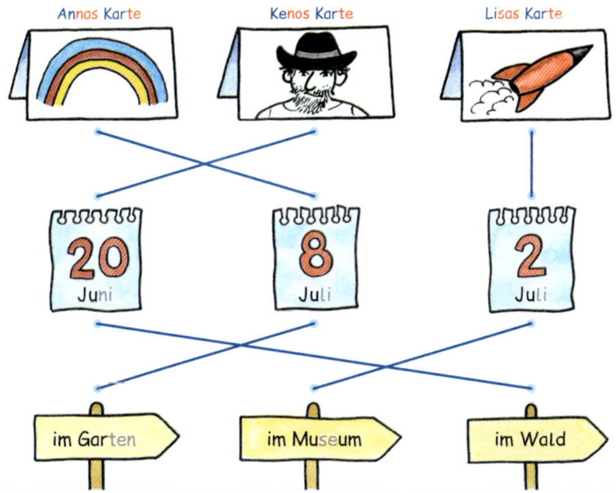

1. Lies genau und male.

Ringelbart ist ein grimmig aussehender, aber lustiger Pirat.
Mit seinem braunen Piratenschiff segelt er über die sieben Weltmeere.
Die Segel an den drei Masten sind rot und weiß gestreift.
Die kleine schwarze Piratenflagge mit dem weißen Anker flattert im Wind.

Ringelbart hat einen langen, schwarz gelockten Bart.
Der Pirat hat immer ein rotes Tuch auf dem Kopf.
Er trägt eine blaue Hose und schwarze Stiefel.

Auf dem geöffneten Deckel der Schatztruhe sitzt der rote Papagei Paco.
In der braunen Schatztruhe liegen viele goldene Ketten und Ringe.
Der Affe Coco sitzt auf einem Holzfass.
Er hat eine goldene Kette um den Hals hängen.
Cocos Fell ist braun.

1. Kapitän Einauge erklärt dir den Weg zum Piratenschatz.
Lies genau, zeichne den Weg auf der Schatzkarte ein
und male den Schatz an die richtige Stelle.

Du gehst in der Bucht bei den drei spitzen Felsen los.
Hinter den drei Felsen gibt es zwei Wege. Nimm den rechten Weg.
Folge dem Pfad durch den Dschungel, bis du zu einem Fluss kommst.
Pass auf! Der Fluss ist sehr breit und gefährlich.
Gehe zu der Holzbrücke und überquere den Fluss.
Gleich nach der Brücke biegst du links ab.
Diese Straße führt zu einem Dorf. Durchquere das Dorf.
Gehe die Straße weiter bis zu dem großen Vulkan.
Am Fuße des großen Vulkans musst du den schmalen Weg nehmen.
Folge dem Weg. Er führt dich zu einem Gebirge, das du überqueren musst.
Hinter dem Gebirge gibt es einen kleinen See.
Am Ufer des Sees liegt ein großer, alter Schiffsanker.
Die Schatztruhe mit Gold und Diamanten ist unter dem Anker vergraben.

1. Lies genau. Male Leas Drachen an.

Lea lässt ihren neuen Drachen auf der Drachenwiese steigen.
Leas Drachen ist nicht dreieckig.
Er hat keine Streifen und ist auch nicht gepunktet.
An dem Drachen hängt eine Schnur mit sechs Schleifen.
Vier Schleifen sind grün und zwei Schleifen sind gelb.
Der Drachen ist gelb und er hat ein lustiges Gesicht:
zwei blaue Augen, eine grüne Nase und einen roten Mund.

1. Lies genau und male die Geschenke an.

In der Mitte steht ein blaues Geschenk mit einem gelben Band.
Links neben dem blauen Geschenk steht ein gelbes Geschenk.
Das gelbe Geschenk hat ein rotes Band mit blauen Punkten.
Das Geschenk rechts neben dem blauen Geschenk ist grün.
An dem grünen Geschenk ist ein lila Band befestigt.
Rechts neben dem grünen Geschenk steht nur ein weiteres Geschenk.
Es ist rot und hat ein weißes Band mit schwarzen Punkten.
Ein Geschenk ist noch übrig. Male es so an, wie es dir gefällt!

Individuelle
Lösung

1. Was ist es? Lies genau, kreuze an und male die Lösung.

Im Frühling siehst du es überall sprießen,
denn dieses Blümchen blüht auf allen Wiesen.
Auch in vielen Gärten kannst du es sehen
und an manchem Wegesrand wird es stehen.
Es ist gelb und weiß – du erkennst es ganz leicht!
Doch nicht nur seine Farbe einer Gans gleicht.

☒ Gänseblümchen ◯ Veilchen ◯ Rose

Im Wald fliegt er zwischen den Bäumen hin und her.
Er kann nicht singen, aber trommeln liebt er sehr.
Hier und da schlägt er mit seinem Schnabel ein Loch.
Findet er dabei Käfer, dann frisst er die noch.
So baut er auch manch Höhle hoch oben im Baum,
denn zum Brüten der Eier braucht er einen Raum.

◯ Amsel ◯ Rotkehlchen ☒ Specht

1. Lies genau und male die Eier an.

Bei den Ostereiern fehlt noch jede Menge Farbe.
Das Ei in der Mitte hat grüne und rote Punkte.
Das Osterei ganz rechts ist blau-weiß gestreift.
Zwischen dem gestreiften Ei und dem gepunkteten Ei
ist ein Ei mit roten und lila Streifen.
Ein Osterei ist einfarbig grün. Es liegt ganz links.
Auf dem Ei daneben ist nur ein gelbes Küken zu sehen.
Das Ei ist weiß. Der Schnabel des Kükens ist orange.

Lösungen (Seite 62 – 65)

1. Arne, Sofia und Murat verbringen den Nachmittag am See.
Welchem Kind gehört welches Badetuch und welcher Wasserball?
Lies genau, male und verbinde.

Ein Wasserball ist so bunt wie ein Regenbogen.
Auf dem weißen Badetuch ganz rechts sind viele gelbe Punkte.
Das Badetuch in der Mitte ist blau. Auf ihm sind fünf grüne Fische.
Ein Badetuch ist grün. Darauf ist eine braune Ananas mit dunkelgrünen Blättern.
Der Wasserball in der Mitte gehört zu dem Badetuch mit der Ananas.
Das gepunktete Badetuch hat an den Enden hellgrüne Fransen.
Auf Sofias Badetuch sind keine Punkte und keine Fische.
Arnes Badetuch liegt zwischen Sofias und Murats Badetuch.
Murats Wasserball schwimmt nicht neben Arnes Wasserball.
Der Wasserball, der rechts außen schwimmt, gehört Arne.
Der Regenbogenball gehört nicht Sofia.
Murats Wasserball ist orange und grün.
Sofias Wasserball ist weiß mit roten Sternchen.

Für jede bearbeitete Seite im Heft darfst du hier zur Belohnung einen weiteren Punkt verbinden. Zum Beispiel: Wenn du mit Seite 3 fertig bist, dann verbinde **2** mit **3**. Hast du Seite **4** geschafft, verbinde **3** mit **4** und so weiter. Verbinde so nach und nach alle Punkte von 2 bis 63 in der richtigen Reihenfolge.

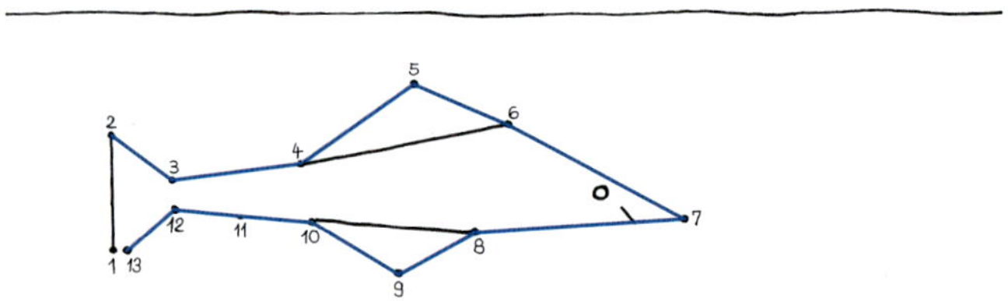

Hinweis: Beginne in diesem Bild bei **13**.

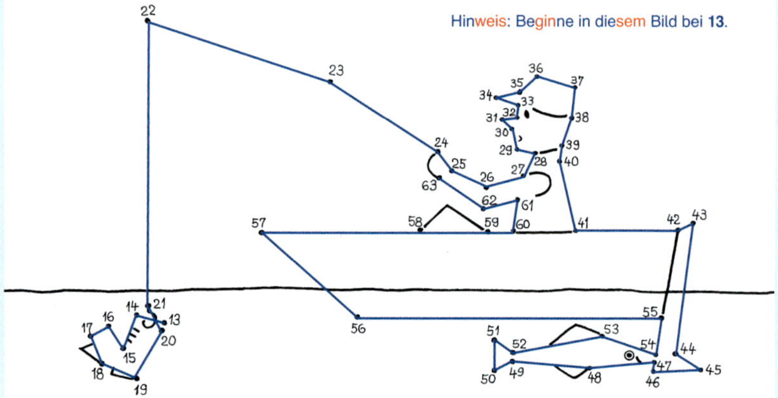

1. – ⊗ – Wer ist es? Lies genau, kreuze an und male die Lösung.

Diese Märchenfigur ist wunderschön.
Sie ist eine reiche Königstochter, die in einem Schloss lebt.
Sie hat keine gemeine Stiefmutter.
Als sie sich mit einer Spindel in den Finger sticht,
fällt sie in einen hundert Jahre langen Schlaf.
Von einem Prinzen wird sie wieder wachgeküsst.

○ Goldmarie ○ Schneewittchen ○ Dornröschen

Diese Märchenfigur ist kein Mensch, sondern ein Tier.
Aber das Tier kann sprechen und
auf zwei Beinen gehen wie ein Mensch.
Es hat ein weiches Fell und ist sehr schlau.
Das Tier gehört einem armen Müllersohn.
Der Müllersohn kauft dem Tier ein Paar Stiefel.

○ Der Froschkönig ○ Der gestiefelte Kater ○ Der böse Wolf

1. Die Märchenwelt ist heute durcheinander.
Lies und schau genau. Richtig oder falsch? Kreuze an.

	richtig	falsch
Der böse Wolf fällt in den tiefen Brunnen.	○	○
Frau Holle schüttelt im Schlafzimmer ihre Betten aus.	○	○
Der goldene Schuh von Aschenputtel liegt unter dem Haselbaum.	○	○
Rapunzel mit den kurzen Haaren schaut im Turm aus dem Fenster.	○	○
Hänsel und Gretel bekommen von der Hexe ein Stück Brot.	○	○
Die Bremer Stadtmusikanten sind Esel, Hund, Katze und Hahn.	○	○
Rotkäppchen trägt ein blaues Kopftuch.	○	○
Das tapfere Schneiderlein sitzt unter dem Tisch.	○	○
Der Froschkönig hält eine goldene Kugel.	○	○
☆ Dornröschen hat sich an einer Spindel gestochen und schläft.	○	○

1. Lies genau und male.

Schneewittchen lebt mit den sieben Zwergen hinter den sieben Bergen.
Im Häuschen der Zwerge ist alles sehr klein.
Schneewittchen hat ein rotes Band aus Samt im schwarzen Haar.
Außerdem trägt sie einen gelben Rock und eine blaue Bluse.

Alle decken gemeinsam das Tischchen für das Abendessen.
Schneewittchen nimmt acht Tellerchen und läuft damit zum Tischchen.
Ein Zwerg in einem blauen Hemdchen belegt Brötchen mit Käse.
Vier Brötchen liegen schon auf dem Brettchen.
Ein Zwerg mit schwarzen Stiefelchen hat ein Kännchen in der Hand.
Ein Zwerg mit einem lila Mützchen bringt zwei rote Äpfelchen herein.

1. Lies genau und zeichne mit einem Lineal.

1) Verbinde zuerst die vier blauen Punkte zu einem Rechteck.

2) Zeichne danach eine Linie von dem roten Punkt
zu dem linken oberen blauen Punkt.

3) Zeichne dann eine Linie von dem roten Punkt
zu dem rechten oberen blauen Punkt. So entsteht ein Dreieck.

4) Verbinde nun die beiden grünen Punkte miteinander.

5) Zeichne danach eine Linie von dem linken grünen Punkt
gerade nach unten bis zu der schrägen Linie des Dreiecks.
Mache das Gleiche bei dem rechten grünen Punkt.

6) Nun ist das Haus fast fertig.
Zeichne zuletzt noch eine Tür und ein Fenster ein.

1. Auf der Wiese leben viele Tiere. Kannst du alle entdecken?
Male die Tiere im Bild an und zähle sie.

☐ Schnecken ☐ Spinnen ☐ Grashüpfer

☆ 2. Wie viele Tiere sind es insgesamt? Rechne.

☐ + ☐ + ☐ = ☐

Es sind insgesamt ☐ Tiere.

1. – Lies genau und male das richtige Bild aus.

Honigbienen

Honigbienen leben in einem großen Volk zusammen. Ein Bienenvolk besteht aus vielen Tausend Bienen. Jede Biene hat eine wichtige Aufgabe. Es gibt zum Beispiel Sammelbienen. Sie fliegen von Blüte zu Blüte und sammeln Nektar. Mit dem Rüssel saugen sie den Nektar aus den Blüten. Aus dem Nektar machen die Bienen im Bienenstock Honig. Den Honig brauchen die Bienen als Nahrung für ihren Nachwuchs und als Vorrat für den Winter.

Was macht eine Sammelbiene?

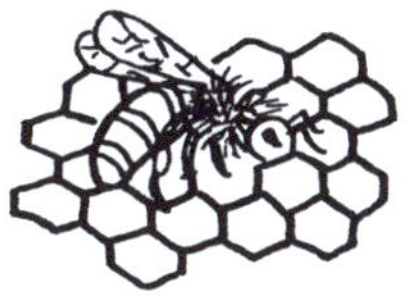

Was machen die Bienen aus dem Nektar?

1. – Zu welcher Pflanze gehört welche Frucht? Verbinde.

Die Erdbeerpflanze hat grüne, runde Blätter.
Die Blätter haben am Rand kleine Zacken.
Erdbeeren entwickeln sich aus weißen Blüten.

Die Gurkenpflanze hat große, spitze Blätter.
Die Blätter haben am Rand kleine Zacken.
Gurken entwickeln sich aus gelben Blüten.

Die Himbeerpflanze hat spitze Blätter.
Die Blätter sind am Rand gezackt.
Himbeeren entwickeln sich aus weißen Blüten.

1. Lies genau. Trage die Nummern richtig ein und male.

Timo informiert sich im Internet über verschiedene Bären.

In einer Suchmaschine für Kinder findet er viele Informationen.

1 Der Eisbär lebt am Nordpol. Er ist weiß und hat eine schwarze Nase.

2 Der Pandabär lebt in China und hat ein schwarz-weißes Fell.
Sein Kopf ist weiß. Die Ohren und das Fell um die Augen sind schwarz.

3 Der Braunbär gehört zu den größten Bären. Sein Fell ist meist dunkelbraun.

4 Der etwas kleinere Schwarzbär ist besonders neugierig und klug. Er ist schwarz.

1. Wer hat welches Buch ausgeliehen? Welche Farbe hat das Buch?
Verbinde und male die Bücher in der richtigen Farbe an.

Timo, Hanna, Lukas und Lara lesen sehr gerne Bücher.
In der Bibliothek haben sich alle vier Kinder ein Buch ausgeliehen.
Timo liest besonders gerne Sachbücher über Tiere.
Hanna mag lieber Abenteuergeschichten.
Sie hat sich für ein Buch über Ritter und Drachen entschieden.
Lukas mag Bücher mit Detektiven und hat einen Kinderkrimi ausgesucht.
Lara hat sich in der Bibliothek ein Buch über einen Zauberer geholt.
Die vier Bücher haben verschiedene Farben:
Das Sachbuch über Vögel ist blau.
Ein Buch ist orange. Es ist weder das Ritterbuch noch der Kinderkrimi.
Der Kinderkrimi hat einen dunkelgrauen Hintergrund.
Hannas Buch ist grün.

Timo

Hanna

Lukas

Lara

1. Die Klasse 2c besucht die Stadtbibliothek.
Lies und schau genau. Richtig oder falsch? Kreuze an.

	richtig	falsch
Auf dem Sofa in der Leseecke sitzen drei Kinder und lesen.	◯	◯
In den Bücherregalen stehen viele Bücher.	◯	◯
Die Bibliothekarin sitzt am Computer und tippt etwas ein.	◯	◯
Im Juni findet eine Lesenacht in der Bibliothek statt.	◯	◯
Im Regal mit den Sachbüchern steht ein Buch über Katzen.	◯	◯
Das Kind mit dem gestreiften Pulli hat kein Buch in der Hand.	◯	◯
Der Bibliothekar schiebt einen leeren Bücherwagen.	◯	◯
In der Stadtbibliothek gibt es keine DVDs.	◯	◯
An einem Bücherregal hängt das Schild „Comics“.	◯	◯
☆ In der Stadtbibliothek gibt es Bücher in verschiedenen Sprachen.	◯	◯

DVDs
Comics
Sachbücher
Katzen
Sprachen
Lesenacht
am 12. Juli
Bitte
Schlafsack
und
Taschenlampe
mitbringen

1. 👓 – 🖌 – 🧩 Wer ist wer? Wem gehört welches Haustier?
Male und verbinde.

Die vier Kinder heißen Niko, Anna, Ben und Kati.

Niko trägt keine Brille. Er hat schwarze Haare.

Annas Haustier ist klein und kann fliegen.

Nikos Haustier hat vier Beine und kann bellen.

Das Fell des Kaninchens ist weiß.

Nur seine langen Ohren sind braun.

Der Wellensittich hat grüne und gelbe Federn.

Die graue Katze trägt ein blaues Halsband.

Kati hat ihre braunen Haare zu einem Zopf gebunden.

Anna hat kurze blonde Locken.

Der Hund ist schwarz und hat ein rotes Halsband.

Katis Haustier ist keine Katze und kein Vogel.

Bens Haustier hat vier Pfoten und ist grau.

Niko Anna Ben Kati

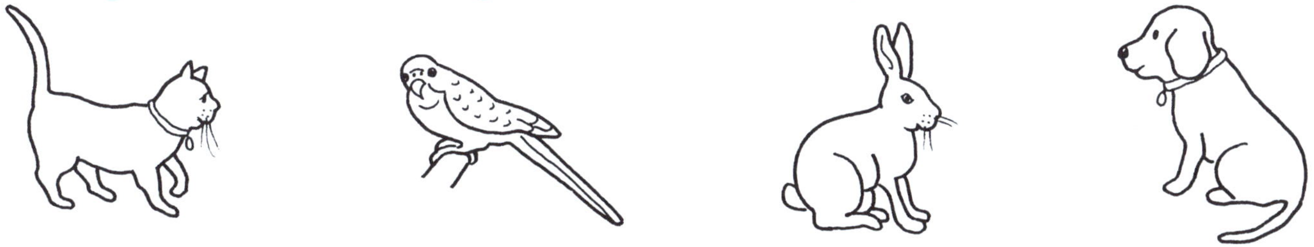

1. Lies genau und male.

Aus der Pferdebox schauen vier große Pferde heraus.
Die ersten beiden Pferde sind grau, die anderen zwei sind schwarz.
Sofia bringt den Pferden mit der Schubkarre grünes Heu.
Sie trägt eine lila Latzhose und ein rotes Kopftuch.
Timo streichelt sein schwarz-weißes Pferd.

Auf der Pferdekoppel steht ein Fohlen an der grauen Wasserwanne.
Insgesamt stehen vier Pferde und zwei Fohlen auf der Koppel.
Die Pferde sind braun und ihre Mähnen sind schwarz.
Die Fohlen sind auch braun, aber ihre Beine sind grau.
Hanna läuft zur Koppel und bringt drei frische Karotten mit.

Auf dem Hof steht ein rotes Auto mit einem Anhänger.

1. Anna, Keno und Lisa wollen ihren Geburtstag feiern. Wann und wo feiern die Kinder ihr Fest? Was haben sie auf die Einladungskarten gemalt? Lies genau, verbinde und male.

Auf einer der Einladungskarten ist eine Rakete.

Anna und Keno haben keine Rakete auf ihre Karte gemalt.

Die Rakete ist rot und hat eine dunkelgraue Spitze.

Lisa und Anna feiern ihre Geburtstagsparty nicht im Juni.

Annas Geburtstagsparty findet sechs Tage nach Lisas Party statt.

Ein Mädchen möchte mit seinen Gästen in ein Museum gehen.

Im Museum gibt es eine Ausstellung über Raumfahrt und den Weltraum.

Keno hat sich für sein Fest das Motto „Räuberbande“ überlegt.

Auf seine Karte hat er einen Räuber mit Bart und schwarzem Hut gemalt.

Das Motto von Annas Geburtstagsparty heißt „Einhorn und Regenbogen“.

Auf ihre Einladungskarte hat sie einen kunterbunten Regenbogen gemalt.

Keno möchte mit seinen Gästen eine Schnitzeljagd im Wald machen.

Annas Feier findet zu Hause im Garten statt.

Annas Karte	Kenos Karte	Lisas Karte
20 Juni	8 Juli	2 Juli
im Garten	im Museum	im Wald

1. Lies genau und male.

Ringelbart ist ein grimmig aussehender, aber lustiger Pirat.
Mit seinem braunen Piratenschiff segelt er über die sieben Weltmeere.
Die Segel an den drei Masten sind rot und weiß gestreift.
Die kleine schwarze Piratenflagge mit dem weißen Anker flattert im Wind.

Ringelbart hat einen langen, schwarz gelockten Bart.
Der Pirat hat immer ein rotes Tuch auf dem Kopf.
Er trägt eine blaue Hose und schwarze Stiefel.

Auf dem geöffneten Deckel der Schatztruhe sitzt der rote Papagei Paco.
In der braunen Schatztruhe liegen viele goldene Ketten und Ringe.
Der Affe Coco sitzt auf einem Holzfass.
Er hat eine goldene Kette um den Hals hängen.
Cocos Fell ist braun.

1. Kapitän Einauge erklärt dir den Weg zum Piratenschatz.
Lies genau, zeichne den Weg auf der Schatzkarte ein
und male den Schatz an die richtige Stelle.

Du gehst in der Bucht bei den drei spitzen Felsen los.
Hinter den drei Felsen gibt es zwei Wege. Nimm den rechten Weg.
Folge dem Pfad durch den Dschungel, bis du zu einem Fluss kommst.
Pass auf! Der Fluss ist sehr breit und gefährlich.
Gehe zu der Holzbrücke und überquere den Fluss.
Gleich nach der Brücke biegst du links ab.
Diese Straße führt zu einem Dorf. Durchquere das Dorf.
Gehe die Straße weiter bis zu dem großen Vulkan.
Am Fuße des großen Vulkans musst du den schmalen Weg nehmen.
Folge dem Weg. Er führt dich zu einem Gebirge, das du überqueren musst.
Hinter dem Gebirge gibt es einen kleinen See.
Am Ufer des Sees liegt ein großer, alter Schiffsanker.
Die Schatztruhe mit Gold und Diamanten ist unter dem Anker vergraben.

N
W
O
S

1. Lies genau. Male Leas Drachen an.

Lea lässt ihren neuen Drachen auf der Drachenwiese steigen.
Leas Drachen ist nicht dreieckig.
Er hat keine Streifen und ist auch nicht gepunktet.
An dem Drachen hängt eine Schnur mit sechs Schleifen.
Vier Schleifen sind grün und zwei Schleifen sind gelb.
Der Drachen ist gelb und er hat ein lustiges Gesicht:
zwei blaue Augen, eine grüne Nase und einen roten Mund.

1. – Lies genau und male die Geschenke an.

In der Mitte steht ein blaues Geschenk mit einem gelben Band.
Links neben dem blauen Geschenk steht ein gelbes Geschenk.
Das gelbe Geschenk hat ein rotes Band mit blauen Punkten.
Das Geschenk rechts neben dem blauen Geschenk ist grün.
An dem grünen Geschenk ist ein lila Band befestigt.
Rechts neben dem grünen Geschenk steht nur ein weiteres Geschenk.
Es ist rot und hat ein weißes Band mit schwarzen Punkten.
Ein Geschenk ist noch übrig. Male es so an, wie es dir gefällt!

1. – – Was ist es? Lies genau, kreuze an und male die Lösung.

Im Frühling siehst du es überall sprießen,
denn dieses Blümchen blüht auf allen Wiesen.
Auch in vielen Gärten kannst du es sehen
und an manchem Wegesrand wird es stehen.
Es ist gelb und weiß – du erkennst es ganz leicht!
Doch nicht nur seine Farbe einer Gans gleicht.

○ Gänseblümchen ○ Veilchen ○ Rose

Im Wald fliegt er zwischen den Bäumen hin und her.
Er kann nicht singen, aber trommeln liebt er sehr.
Hier und da schlägt er mit seinem Schnabel ein Loch.
Findet er dabei Käfer, dann frisst er die noch.
So baut er auch manch Höhle hoch oben im Baum,
denn zum Brüten der Eier braucht er einen Raum.

○ Amsel ○ Rotkehlchen ○ Specht

1. Lies genau und male die Eier an.

Bei den Ostereiern fehlt noch jede Menge Farbe.
Das Ei in der Mitte hat grüne und rote Punkte.
Das Osterei ganz rechts ist blau-weiß gestreift.
Zwischen dem gestreiften Ei und dem gepunkteten Ei
ist ein Ei mit roten und lila Streifen.
Ein Osterei ist einfarbig grün. Es liegt ganz links.
Auf dem Ei daneben ist nur ein gelbes Küken zu sehen.
Das Ei ist weiß. Der Schnabel des Kükens ist orange.

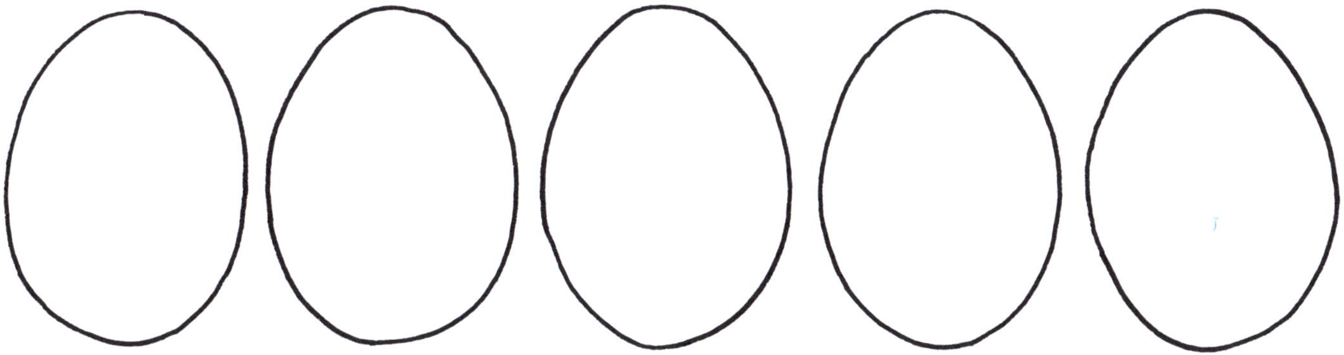

1. Arne, Sofia und Murat verbringen den Nachmittag am See.
Welchem Kind gehört welches Badetuch und welcher Wasserball?
Lies genau, male und verbinde.

Ein Wasserball ist so bunt wie ein Regenbogen.
Auf dem weißen Badetuch ganz rechts sind viele gelbe Punkte.
Das Badetuch in der Mitte ist blau. Auf ihm sind fünf grüne Fische.
Ein Badetuch ist grün. Darauf ist eine braune Ananas mit dunkelgrünen Blättern.
Der Wasserball in der Mitte gehört zu dem Badetuch mit der Ananas.
Das gepunktete Badetuch hat an den Enden hellgrüne Fransen.
Auf Sofias Badetuch sind keine Punkte und keine Fische.
Arnes Badetuch liegt zwischen Sofias und Murats Badetuch.
Murats Wasserball schwimmt nicht neben Arnes Wasserball.
Der Wasserball, der rechts außen schwimmt, gehört Arne.
Der Regenbogenball gehört nicht Sofia.
Murats Wasserball ist orange und grün.
Sofias Wasserball ist weiß mit roten Sternchen.

Arne Sofia Murat

Für jede bearbeitete Seite im Heft darfst du hier zur Belohnung einen weiteren Punkt verbinden. Zum Beispiel: Wenn du mit Seite 3 fertig bist, dann verbinde **2** mit **3**. Hast du Seite **4** geschafft, verbinde **3** mit **4** und so weiter. Verbinde so nach und nach alle Punkte von 2 bis 63 in der richtigen Reihenfolge.

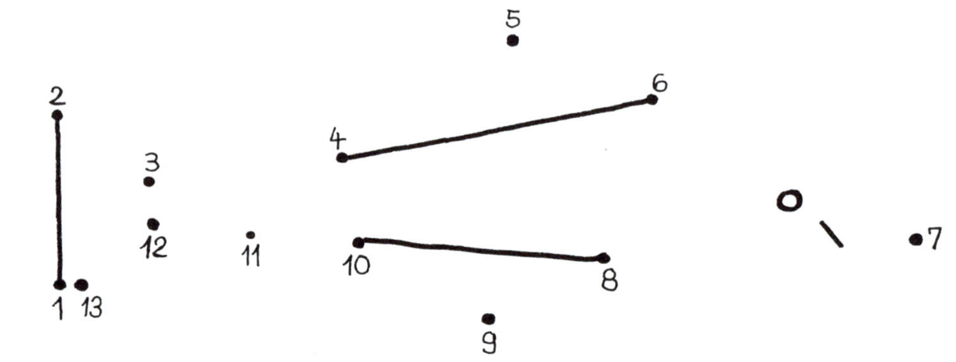